MW00388529

HL00101787

HL00101787

HL00101787

HL00101787

THE KINKY CHORD SONG